ENTREVUE

DE

M. A. DE VOLTAIRE,

ET DE

M. V. CONSIDÉRANT,

DANS LA SALLE

Des Conférences du PURGATOIRE,

PAR

GUSTAVE CLAUDIN.

On me demandera si je suis Prince ou Législateur pour
écrire sur la Politique. Je réponds que non, et que c'est
pour cela que j'écris sur la Politique. Si j'étais Prince
ou Législateur, je ne perdrais pas mon temps à dire ce
qu'il faut faire ; je le ferais, ou je me tairais.

(J.-J. ROUSSEAU. Contrat Social.)

PRIX : 40 CENTIMES.

A PARIS,

Au Palais-National, sur les Boulevards, dans les
Passages.

1312

ENTREVUE

DE M. AROUET DE VOLTAIRE,

ET DE

M. Victor Considérant,

Dans la Salle

DES CONFÉRENCES DU PURGATOIRE.

SOMMAIRE.

Après la néfaste tentative du 13 Juin, à laquelle la politique n'était nullement étrangère, Victor Considérant se vit forcé de chercher son salut dans la fuite, et de gagner au plus vite la frontière de son ingrate patrie. La police, malgré ses yeux d'argus, perdit la trace de l'illustre fugitif, et pour se mettre à l'abri de tout reproche, elle fit courir le bruit que le diable en personne s'était chargé de sauf-conduire l'apôtre du socialisme. Selon les journaux, on avait vu Considérant partout, ce qui faisait naturellement penser qu'on ne l'avait vu nulle part. Tantôt il était à Ostende, savourant ces petites huîtres que vous connaissez; le lendemain il était en Suisse, posant dans la vallée de Chamouny la première pierre d'un gigantesque phalanstère. On allait même jusqu'à dire qu'il voguait vers le rivage de la fabuleuse Icarie.

Aujourd'hui enfin nous connaissons la place mystérieuse où il a plu à notre philosophe d'aller se mettre à l'abri des foudres de M. le Procureur-Général. Ce choix est certes bien fait pour surprendre le lecteur, si on ne prenait soin de l'informer des motifs judicieux autant que graves qui l'ont déterminé. Voici quels sont ces motifs :

Considérant était à peine sorti des Arts-et-Métiers, que déjà son esprit clairvoyant prévoyait les conséquences fatales des faits mémorables qui venaient de s'accomplir. — Je suis vaincu, s'écria-t-il en lui-même, Marius le démocrate doit fuir devant Sylla vainqueur. Marius vaincu s'étant allé cacher dans les marais de Minturne, je dois à son exemple aller me cacher dans un marais quelconque. Et sans plus tarder, notre philosophe partit pour l'Italie et vint immédiatement s'engloutir dans les marais Pontins.

On laisse à penser les tristes réflexions qui surgirent dans son esprit, aussitôt après son installation dans cette demeure marécageuse. Dans sa douleur, il exhu-

mait l'antiquité tout entière pour trouver, Marius excepté, le pendant de son
infortune. Son esprit pensa naturellement
à Job sur son fumier, au grand Annibal
empoisonné loin de Carthage, au pauvre
Aristide banni pour ses vertus. Il en con-
clut avec une résignation qu'on ne trouve
que chez les martyrs, que l'exil et le
malheur étaient, selon les vues de la Pro-
vidence, l'apanage exclusif des grands ci-
toyens. Il n'oublia pas non plus la ques-
tion de postérité, et pensa que la fange
qui salissait ses habits, lui ferait peut-
être, aux yeux des générations futures,
autant d'honneur que la pourpre des Cé-
sars.

A ces préoccupations morales succédè-
rent des inquiétudes purement physiques,
suggérées par l'estomac, et qui avaient
aussi leur gravité. Réduit qu'il était à
manger de l'herbe comme Nabuchodono-

sor, ou de mauvais petits poissons égarés, c'était là un ordinaire dont, quelque Spartiate qu'on fût, il était impossible de se contenter, d'autant plus que, grâce à la marche, il sentait en lui certains tiraillemens qui l'engageaient de prendre bien vite un parti. On dit que les affamés n'ont point d'oreilles ; ce proverbe ne fut pas vrai dans la circonstance. Considérant, attentif, remarqua que la brise possédait une qualité de plus, et qu'à sa fraîcheur habituelle elle ajoutait une harmonie délicieuse, qu'il supposa produite par quelque flûte champêtre. Alors, guidant ses pas vers l'endroit d'où semblait venir la musique, il se trouva bientôt en face d'un groupe de neuf jeunes filles, se livrant à des rondes et à des valses que n'eût peut-être pas tolérées M. le Préfet de police, mais qui n'en étaient pas moins gracieuses pour cela. Un jeune pâtre à la che-

velure blonde et bouclée, soufflait de
toute la force de ses poumons dans une
série de petits roseaux. Ce spectacle étran-
ge et inattendu satura tout-à-coup la tête
du fugitif d'idées mythologiques; alors,
oubliant la civilisation, la République et
l'Assemblée législative, il prit le musicien
pour Apollon, et les jeunes filles pour
les Muses. Son émotion était telle, qu'il
s'apprêtait à tomber à genoux, lorsque
le musicien vint droit à lui, dissiper en
quelques mots les fictions de son esprit.
En sa qualité de Romain, le jeune pâtre
expliqua en parfait latin, qu'il n'était pas
plus Apollon que ces jeunes filles n'é-
taient des Muses, mais tout simplement
des moissonneurs des marais Pontins. —
Considérant revint alors de son erreur
profonde. Il promena ses regards sur ces
charmantes réalités, et se plut à reconnaître qu'il n'y avait rien d'exagéré dans

la peinture qu'en avait faite notre illustre Léopold Robert.

Éclairé sur la position sociale de ses interlocuteurs, Considérant voulut sans plus tarder leur apprendre qui il était lui-même. Il songeait à dire prosaïquement au moissonneur : *Coactus sum fugere patriam*, — lorsque se rappelant l'Eglogue de Virgile, il s'écria sur un ton capable d'adoucir une tigresse d'Hircanie :

> Tytire, tu, patulæ recubans sub tegmine fagi,
> Sylvestrem tenui musam meditaris avenâ,
> Nos patriæ fines et dulcia linquimus arva,
> Nos patriam fugimus . . . .

A ces mots, les jeunes filles attendries abandonnent la danse, se groupent autour de l'exilé, lui offrent du miel, de la crême, du pain tendre, du vin de Caprée et du macaroni, posent sur sa tête une couronne de roseaux et de nénuphars tressée de leurs mains virginales, et lui demandent vers quelle ville il compte diriger ses pas, se proposant de lui servir d'escorte.

Une d'entr'elles se détache un instant de ses compagnes, et revient aussitôt lui présenter une branche de roseau d'une forme particulière; puis lui montrant du doigt un point de l'horizon chargé de vapeurs noires, lui explique en frémissant que c'est là l'entrée de l'Enfer, et que s'il tient à ses jours, il ne doit point s'en approcher

Avec la danse et le macaroni, il est une autre chose que les Italiens idolâtrent; c'est la sieste : ce qui explique la promptitude avec laquelle Considérant vit s'endormir le moissonneur et ses compagnes. Ne voulant pas troubler le repos de ses amphytrions, il s'éloigna doucement, serrant dans sa main droite le roseau qui lui avait été donné.

Malgré les recommandations de la jeune fille, une sorte de vertige semblait l'attirer vers le gouffre qu'on lui avait signalé. Il pensait que ce gouffre n'existait que dans la vive imagination de la moissonneuse, qui lui avait débité une vieille histoire de sa grand'mère : aussi poursuivait-il résolûment son chemin vers les nuages épais amoncelés devant lui. Mais tout-à-coup, *horresco referens*, apparaît l'entrée d'une caverne. Considérant entre sans hésiter, et en moins de temps qu'il n'en faut pour le dire, il se trouve enseveli dans d'épaisses ténèbres. Tout d'abord il ne put se défendre d'un certain mouvement de frayeur, et lui qui naguère admirait la candeur de la jeune fille qui croyait à l'enfer, se cramponna de toutes ses forces au rameau qu'elle lui avait donné, le pressa sur son cœur comme un talisman, et crut fermement qu'il équivalait à ce peloton de fil, que ce poltron de Thésée avait demandé à Ariane, avant de s'engager dans le domicile du Minotaure.

Il était dans l'enfer !

Les ténèbres s'étaient un peu obscurcies, lorsqu'il parvint à une espèce de rond-point garni de plusieurs écriteaux. Sur l'un était écrit : *Entrée de l'Enfer*, sur un autre : *Purgatoire;* enfin, sur un troisième : *Loge de Cerbère.* — *Parlez au monstre.*

Considérant jeta les yeux dans la loge, et reconnut aussitôt Cerbère qui lisait le journal Satan. Le monstre avait toujours ses trois têtes. Assis près d'une petite table, il achevait la lecture de tous les journaux de Paris, absolument comme un habitué de Tortoni ou du Café de

Foy, et toujours, comme le susdit habitué, n'allait pas tarder à s'endormir. — Considérant, qui ne se sentait pas de force à lutter avec Cerbère, comme autrefois Hercule, préféra attendre qu'il fût tout-à-fait endormi. Il fouilla dans ses poches, et à défaut de narcotiques, il lui présenta avec infiniment de précaution la collection complète des discours prononcés, à Paris, au fameux *Congrès de la paix*, cette nouveauté empruntée à Rousseau. Cerbère entama la collection, et soit prédisposition antérieure, soit influence du sujet, il perdit connaissance au milieu de la péroraison du premier discours.

Rassuré de ce côté, Considérant prit le chemin du Purgatoire. Il avait à peine fait dix pas, qu'une barrière vint insolemment s'opposer à son passage. Quant au spectacle qui s'offrit alors à ses yeux, il faudrait, pour en donner une idée, posséder l'âme et la verve du Dante. Que dire de la cohorte nombreuse d'âmes que Considérant vit s'agiter devant lui comme des ombres chinoises.—Le tableau de la Tentation de Saint-Antoine, avec ses armées de personnages, ses dragons impossibles, ses diables compliqués; celui du Jugement dernier, qui nous fait voir toutes les générations éteintes, se relevant au son de la trompette comme des myriades de champignons après une molle ondée, ne sont, auprès de l'horizon où plongeaient ses yeux, que des toiles aussi vides d'action qu'un miroir dépoli. Figurez-vous tous les personnages obscurs et célèbres de trente siècles, groupés, mêlés et confondus de la façon la plus bizarre et la plus imprévue, marchant processionnellement comme les masques allant à la Courtille; des rois avec des

comédiens, des philosophes avec des
danseurs, des diplomates avec des cuisi-
niers, des courtisanes avec des théolo-
giens, des marins avec des abbés, des
conspirateurs avec des préfets de police,
tous revêtus du costume du temps pendant
lequel ils avaient vécu, riant, discutant,
pleurant, s'emportant, se fâchant et se
raccommodant.

Ébloui et stupéfait à la fois, Considérant sentait sa raison l'abandonner; ce
ne fut qu'après un recueillement assez
long, qu'il reprit l'usage de ses sens,
et qu'il put reconnaître quelques-uns des
personnages qu'il voyait comme au travers d'un prisme magique. — Dans un
groupe placé près de lui, il reconnut le
consul Métellus et le duc de Malborough,
qui se chargeaient d'expliquer au grand
Soubise la faute stratégique qui lui avait
fait perdre la bataille de Rosbach. Un

peu plus loin, Milon de Crotone venait
de terrasser à la lutte le colossal roi
Murat, et pour le consoler de sa défaite,
l'engageait à se frictionner d'huile parfu-
mée, et à se nourrir de moelle de lion.
Tout près d'eux, Machiavel et le prince
de Talleyrand demandaient raison à
Beaumarchais des traits satyriques qu'il
avait décochés aux diplomates. Molle-
ment étendue sur la mousse, la Pompa-
dour en grand costume de reine de la
main gauche, frappait doucement de son
éventail sur la joue du capitaine Buridan,
dont la main s'était par trop égarée dans
la moite vallée de sa gorgerette. Le fée-
rique Perrault, plongé dans une silen-
cieuse extase, admirait un joli pied
chaussé d'un bas de soie à coins d'or,
et d'une mule de satin qu'elle avait sans
doute volée à son héroïne Cendrillon. La
reine Cléopâtre, appuyée sur Paul de

Gondy, dévorait des yeux le charmant
poignard que le coadjuteur portait en
guise de bréviaire, et témoignait le re-
gret de ne point s'en être servie pour se
donner la mort, au lieu du hideux aspic
dont la piqûre avait eu l'impertinence de
faire enfler son beau bras de marbre.

On ne peut énumérer ce qu'il aurait
encore vu, si une voix sèche et flûtée ne
l'eût point arraché à sa contemplation.

— Quoi! c'est vous, Considérant; je
suis heureux de vous voir!

On laisse à penser l'effet produit sur
notre philosophe, par cette interpellation
inattendue. L'ombre, qui avait jeté ce cri,
s'approcha de la barrière, et tendit sa
main vieille et maigre.

C'était l'ombre de Voltaire!

Après les politesses d'usage, le dialo-
gue suivant s'établit entr'eux :

VOLTAIRE. Ma surprise est grande de vous voir dans l'empire des ombres. Vous n'êtes pas le premier vivant qui soit venu ici, mais vous êtes le premier que j'y vois.

CONSIDÉRANT. Autrefois des maris y sont venus chercher leurs femmes. — De nos jours, on vole encore les femmes, mais leurs maris ne courent plus après elles.

VOLTAIRE. C'est méchant, mon cher philosophe : mais laissons là ce sujet. Je désire, dans le court espace de temps que je puis passer avec vous, parler de choses plus sérieuses. D'abord, pourquoi et comment êtes-vous ici ?

CONSIDÉRANT. Je pourrais vous dire comme Énée : *Fato sed non sponte.*

VOLTAIRE. Assez : je connais Virgile. Vous êtes, je m'en doute, compromis par quelqu'événement politique ?

CONSIDÉRANT. Comment! vous savez
donc ce qui se passe sur la terre?

VOLTAIRE. Tout, absolument tout. —
Nous sommes ici en purgatoire encore
pour quelques siècles; après quoi nous
devons gagner le Paradis. On tolère les
relations terrestres. Journaux, brochures,
discours, tout nous est adressé. Il se passe
là haut de singulières choses; et vraiment, je commence à croire que décidé-
ment l'homme peut s'agiter, mais que
c'est Dieu qui le mène. Ainsi, oubliez que
vous êtes dans le Purgatoire; mettez toute
surprise de côté, et parlez-moi comme si
vous étiez dans la salle des conférences
de la Législative. Je serai plus patient
qu'elle, et au lieu de cinq séances qu'elle
vous a refusées, je suis prêt à vous en
accorder quinze. Du reste, ne vous plai-
gnez pas de sa rigueur envers vous. Votre
silence, quoique vous parliez et écriviez

admirablement, vous a conquis plus de partisans que ne vous en eût valu l'exposé de votre impossible système. Vous avez donc fait une révolution?

CONSIDÉRANT. Mais oui; et seriez-vous jaloux par hasard? — 89 est l'œuvre des encyclopédistes dont vous faisiez partie; 48 est l'œuvre du socialisme auquel j'appartiens corps et âme.

VOLTAIRE. Oh! Français! quand donc serez-vous sages et tranquilles?

CONSIDÉRANT. N'allez-vous pas leur faire de la morale? Quel homme fut jamais plus révolutionnaire et plus gâté que vous ne l'avez été? Puisque vous avez votre brevet d'immortalité, vous ne trouverez pas mauvais que je m'exprime franchement sur votre compte.

VOLTAIRE. Allez, dites tout ce que vous

voudrez. Ici, vous jouissez d'une liberté plus grande qu'à la tribune.

Considérant. Eh bien, alors, je vais vous gronder un peu. Le peuple Français ne vous a épargné ni les louanges ni les honneurs. Il vous a proclamé démocrate, quoiqu'il y ait dans vos écrits certaines pages qui sentent un peu la flatterie.

Voltaire. Je m'en défends. J'ai dit la vérité à tout le monde. A moi, Candide, Mérope, l'homme aux 40 écus.

Considérant. A moi la correspondance avec le roi de Prusse, avec la grande Catherine.

Voltaire. Mais c'était afin de plus obtenir pour le peuple, que j'entretenais des relations aussi intimes avec les têtes couronnées.

Considérant. Je passe condamnation et j'accepte le jugement du peuple qui a porté vos cendres au Panthéon. Un temple pour tombeau, que pouvez-vous souhaiter de plus... La déification?

VOLTAIRE. Rien de plus. Les Français ont satisfait cet orgueil que mes ennemis m'ont tant de fois reproché. Mais revenons au socialisme que je connais peut-être aussi bien que vous. Je tiens à vous donner mon opinion sur ce point important. Vous avez bien fait de trouver ce mot-là; sans lui, je ne sais vraiment pas ce que nos descendans pourraient prétendre avoir inventé. Les libéraux et l'opposition ont vécu avec le Voltairianisme chanté sur tous les tons et à toute occasion.

CONSIDÉRANT. Pardon, les libéraux qui repoussent le socialisme, ont inventé quelque chose que vous ne connaissiez pas.

VOLTAIRE. Quoi donc, s'il vous plaît?

CONSIDÉRANT. La monarchie constitutionnelle!

VOLTAIRE. C'est si peu de chose, que je n'en tiens pas compte. Mais abordons le socialisme. Bien que certains socialistes m'aient assez cavalièrement traité, je ne leur en veux pas, et je vais faire à cet égard ma profession de foi, avec toute la franchise d'une ombre à jamais disparue de la terre.

CONSIDÉRANT. Parlez, mon maître, parlez, je vous en conjure.

VOLTAIRE. D'abord, permettez-moi de séparer bien nettement deux choses qu'on se plaît à confondre : savoir, le socialisme comme *science*, comme *école philosophique*, du socialisme comme *programme*, ou plutôt comme *mensonge politique*. Un mot, s'il vous plaît, sur une

philosophie que vous connaissez aussi
bien que moi, mais qui ne me fait point
partager les mêmes espérances. Depuis
tantôt quinze ans que Fourier habite le
Purgatoire, j'ai passé bien des heures à
l'entendre. Je le proclame le plus grand,
le plus vrai, le meilleur et le plus clairvoyant de tous les philosophes. Si Dieu
m'accordait la faveur de la résurrection,
et la République le portefeuille de l'ins-
truction publique, au lieu de faire ensei-
gner à l'Université les catégories d'Aris-
tote et le *Novum organum*, de Bacon,
je ferais initier la jeunesse à certaines
parties de sa philosophie. D'un seul trait,
Fourier supprime tout le fatras des écoles.
Avant lui, qu'avaient dit tous les philosophes dans leur morale? Ils avaient dit:
L'homme doit comprimer ses passions,
quand sa position sociale ne permet pas
qu'il les satisfasse, correctif essentiel à

l'aide duquel on pouvait pousser assez loin *l'indulgence* pour les grands, jusqu'à excuser leurs crimes et leurs vices, et la *dureté* pour les petits, jusqu'à leur présenter le séjour de la terre comme la vallée des larmes conduisant à un monde meilleur; admirable présent offert au nom d'un Dieu qu'on proclamait en même temps source de la *bonté infinie*. On bâtirait une seconde tour de Babel avec les in-folio qui contiennent le développement de cette précieuse morale. Fourier, le premier, la repoussa comme outrageante pour Dieu. Son point de départ fut le même que celui des autres philosophes, seulement il en tira d'autres conséquences. L'humanité existe parce qu'il a plu à Dieu de la créer. *Mais comme Dieu est infiniment bon, il n'a pu vouloir que les hommes fussent malheureux. Le mal vient donc de l'homme. S'il en est ainsi*, *il est réparable*. Alors son esprit emporté sur les ailes de son génie, signale les plaies physiques et morales de l'humanité, comme la guerre, la famine, la misère, le froid, les épidémies, en un mot, ce cortége de spectres qui fait honte à la civilisation, en ce qu'elle pourrait dès à présent y apporter remède. Il va plus loin encore, et parvient à prouver que la civilisation elle-même, malgré tout l'encens que lui prodiguent les satisfaits et les repus, est combinée de façon à comprimer presque toujours le sublime essor de nos passions, qui viennent aussi de Dieu, et à mettre en désaccord forcé, en lutte permanente, notre intérêt et nos devoirs. Il condamne la civilisation, et, avec une audace qui a dû faire frémir la cendre de tous les philosophes, il pose en principe : *que le bonheur est possible sur la terre, et qu'il consiste dans un ordre de choses à venir, qui permettra à tous d'avoir beaucoup de passions, et beaucoup de moyens de les satisfaire.* Quant aux moyens à l'aide desquels le genre humain passera de *l'ordre civilisé* qui existe, à *l'ordre combiné* qu'il croit avoir entrevu, il ne les veut qu'avec le temps, sans violence, par transition douce et insensible, et non par brusque secousse. Ces moyens, vous les connaissez et vous les croyez applicables. C'est ici que je me sépare de vous, et que je vous crie : *Courage... patience... cherchez...*

J'insiste sur la volonté de Fourier qui repousse la violence, et qui veut tout obtenir par la douceur et la modération, il le dit à toutes ses pages ; et c'est là, à mon avis, la critique la plus sévère de la conduite de tous les Mirmidons audacieux et ignorans qui se sont *baptisés socialistes*, et qui croient servir le socialisme et hâter son avènement par des interruptions et des votes passionnés à la Chambre, ou bien encore en soulevant à tout propos d'oiseuses questions de violation de Constitution, ou bien encore en nous conseillant au moins une fois par mois de nous retirer sur le mont Aventin.

CONSIDÉRANT. Vous êtes bien sévère, il me semble, et vous traitez de factieux des hommes animés des plus nobles sentimens.

VOLTAIRE. Croyez-moi, mon cher philosophe, rien n'a tant affligé l'humanité que les efforts et les systèmes que les penseurs ont faits ou proposés pour elle. Vons me reprochez d'être sévère; je ne le suis pas assez, et ce qui m'afflige, c'est que vous avez votre part dans ces reproches.

CONSIDÉRANT. Moi, Comment cela ?

VOLTAIRE. Le Considérant d'aujourd'hui n'est plus le Considérant d'autrefois. Comment, celui que Fourier avait laissé sur la terre comme son plus sérieux disciple, celui qui, pendant vingt ans, avait dédaigné les honneurs pour se conserver à la science, celui qui prêchait aux hommes la paix et la fraternité, celui qui avait si noblement protesté contre les saturnales du 15 Mai (Moniteur du 16 Mai 1848), a-t-il pu rompre tout-à-coup avec son passé, cessé d'être de bronze pour faire acte de faiblesse et se rendre, au 13 Juin, complice d'un mouvement insurrectionnel semblable à celui qu'un an auparavant il taxait de saturnale? Ah! nous, vos admirateurs, quand nous vous avons vu aller aux Arts-et-Métiers, nous nous sommes écriés avec douleur :

Quantum mutatus ab illo!

Quelle faute vous avez faite! Au lieu d'accepter pour auxiliaires les Pygmées qui entravaient vos pas, il fallait marcher seul, et la France, cette avant-garde de l'humanité, qui n'a jamais méconnu le génie, vous aurait confié sa destinée, chargé de la glorieuse mission de calmer la tempête, et demandé un *fiat lux* pour mettre fin au chaos. Vous pouviez tout cela, et par votre faute, vous ne le pouvez plus. Vous errez de rivage en rivage, emportant avec vous un trésor inutile.

Considérant. Un peu d'indulgence, mon maître, et peut-être qu'à ma place vous auriez agi comme je l'ai fait... car la patience a des bornes, et on a abusé de la mienne. Lorsque j'apportais à mes collègues un système qui m'avait coûté vingt ans de méditations, on m'abreuvait d'injures et de sarcasmes, je me trouvais en face de gens qui ne voulaient pas me comprendre, *et pour cause*, ou bien de gens qui ne pouvaient me comprendre.

Voltaire. Votre système est encore à l'état d'enfance. Son application, loin d'amener le progrès, aurait conduit tout droit à la décadence. Je reconnais, *malgré les rumeurs académiques*, que tout l'avenir du monde est dans le socialisme, que le monde subira la métamorphose prédite par Fourier, mais je proclame en même temps que toutes vos théories sociales, même celle que vous affectionnez, *l'association et le phalanstère*, ne peuvent être appliqués maintenant, au risque de livrer la société, que je n'admire pas plus que vous, au plus horrible des communismes. — *Cherchez*, je le répète, *la science sociale n'est pas prête.*

Considérant. Mais le communisme est le dernier mot de l'humanité.

VOLTAIRE. Je sais cela. On a représenté le monde sous la forme symbolique d'un serpent qui se mord la queue; ce qui veut dire que l'humanité, après avoir parcouru la grande série des siècles, doit revenir un jour au communisme originaire.

CONSIDÉRANT. Vous critiquez mon principe d'association, il faut cependant se mettre à l'œuvre et commencer par quelque chose.

VOLTAIRE. La besogne ne manque pas. Vous devez commencer par détruire les abus de tous genres, dépouiller la politique de ses allures machiavéliques, supprimer les congrès dans lesquels les ambassadeurs, au lieu de défendre les intérêts des nations, perdent leur temps à débattre de futiles questions d'étiquettes; démasquer surtout cette foule de gens im-

portans qui ont le cœur aussi noir que
leur cravate est blanche, et qui prennent
l'horizon de leurs pensées pour les bornes
du monde. Tentez tout cela. On vous ré-
pondra que la critique est aisé et l'art
fort difficile, on ajoutera plus prosaïquement que les plus embarrassés sont ceux
qui tiennent la queue de la poële. Cela n'est
pas vrai. Les plus embarrassés sont ceux
que l'on fait frire. Voilà, mon cher philosophe, ce que vous devrez faire quand
vous rentrerez dans votre patrie. Surtout
point de pensée de vengeance. Ne faites
pas comme Marius, ayez soin d'oublier
les marais de..... Minturne.

Voltaire en était là de son discours,
quand une petite ombre, cachée derrière
lui de façon à n'être point vue, vint lui
frapper sur le bras :

— Bravo, Voltaire ! j'ai écouté tout ce

que tu as dit à celui qui m'a fermé les yeux. Espérons qu'il en profitera. J'ajoute un nouveau fleuron à ta couronne d'immortelle, je te crée licencié ès-science sociale.

Cette ombre était celle de Fourier!

Cette apparition fut pour Considérant ce que le Saint-Esprit était pour les Apôtres. Il tomba la face contre terre. Alors l'image de la France apparut à ses yeux; son visage exprimait la clémence. Elle se pencha vers lui, et lui dit doucement à travers un sourire : *Espère.*

TYP. GUÉDON. — 1849. — DÉPOSÉ.

www.ingramcontent.com/pod-product-compliance
Lightning Source LLC
Chambersburg PA
CBHW060804280326
41934CB00010B/2550